देवताओं के वाहन

गणेश और मूषिक चूहा

शुभा विलास

Om KIDZ
An imprint of Om Books International

असुर गजमुखासुर कठिन तपस्या कर रहा था। वह एक माह या एक वर्ष से नहीं, बल्कि हज़ारों वर्षों से तपस्या में लीन था। वह मनचाहा वरदान पाने के लिए किसी एक देवता को प्रसन्न करना चाहता था। कई अन्य असुरों की भाँति, वह प्रत्येक युद्ध में विजयी होना और अमर जीवन प्राप्त करना चाहता था।

अंततः गजमुखासुर को भगवान शिव से वरदान प्राप्त हुआ। कोई भी घातक शस्त्र उसका अंत नहीं कर सकता था। बहुमूल्य वरदान प्राप्त करने के बाद, उसने देवताओं और ऋषियों को निरंतर आतंकित करना आरंभ कर दिया। केवल मनोरंजन के लिए, वह उनसे दिन में तीन बार 108 उठक-बैठक भी करवाता था।

गजमुखासुर को यह नहीं पता था कि यद्यपि असुर सोचते थे कि वे अपने वरदानों से मृत्यु को परास्त कर सकते हैं, परंतु अंत में वे सदैव पराजित होते थे।

देवताओं ने भगवान शिव से शिकायत की और भगवान शिव ने स्थिति को संभालने के लिए गणेश को भेजा।

गणेश मुस्कुराए। यह बहुत रोचक होगा। यद्यपि असुर गजमुखासुर किसी भी शस्त्र का सामना कर सकता था, परंतु गणेश के कवच में ऐसे शस्त्र थे जिनसे वह अत्यधिक भयभीत हो जाता। अब गणेश हँसने लगे।

गणेश केवल कल्पना कर सकता थे कि जब असुर उनके दिव्य अस्त्रों की शक्ति से अपने शस्त्रों को व्यर्थ होते देखेगा तो वह कितना भयभीत होगा।

शीघ्र ही, गजमुखासुर और गणेश आमने-सामने आ गए। असुर ने विजयी होने के अति-आत्मविश्वास से छलकते हुए भगवान को चुनौती दी। उसने सोचा कि मोटे (स्थूल शरीर वाले) गणेश को परास्त करना बहुत सरल होगा।

वह बात गणेश के पक्ष में थी। उनके रूप से कोई भी उनकी शक्ति को नहीं समझ सकता था। वे सदैव अपने शत्रुओं को मूर्ख बनाने में सफल रहते थे।

गणेश ने सबसे पहले यह परखने के लिए अपना शस्त्र फेंका कि असुर इसे कैसे संभालेगा। उन्हें आश्चर्य हुआ, असुर ने तुरंत प्रतिकार करते हुए उसे नष्ट कर दिया। गणेश ने एक और शस्त्र फेंका, और फिर दूसरा, और उन्हें आश्चर्य हुआ, उनके किसी भी शस्त्र का असुर पर कोई प्रभाव नहीं पड़ा। गजमुखासुर उनके आक्रमण का सरलता से सामना कर रहा था।

शीघ्र ही, उनके सारे शस्त्र नष्ट हो गए। अब गणेश क्या करेंगे? शस्त्र के बिना असुर का अंत कैसे करें?

सोचने का समय नहीं था क्योंकि असुर गरजते हुए पहले से ही अपने शत्रु का विनाश करने के लिए उनकी ओर बढ़ रहा था। समय समाप्त होता जा रहा था। तभी गणेश को एक विचार सूझा।

उन्होंने अपने दाँतों के बारे में सोचा। वे अत्यंत धारदार थे और शस्त्रों के समान कुशल थे। फिर भी वे शस्त्र नहीं थे। गजमुखासुर को प्राप्त वरदान को नियंत्रित करने के लिए वे शस्त्रों के स्थान पर अपने दाँतों का उपयोग कर सकते थे। एक झटके में, उन्होंने एक दाँत को उखाड़ा और दाँत से निशाने पर शक्तिशाली प्रहार किया।

गजमुखासुर ने दाँत को अपनी ओर आते देखा। प्रहार से बचने के लिए उसने स्वयं को चूहे में बदल लिया। अचानक, तेज़ आवाज़ के साथ चकाचौंध करने वाला विस्फोट हुआ। कई घटनाएँ हुईं और फिर उसे पता चला कि गणेश उसके ऊपर बैठे हैं।

गणेश ने असुर को मारने के स्थान पर उसके अहंकार का अंत कर दिया था। गजमुखासुर अब मूषिक नामक एक विनम्र चूहा बन गया था। उसने विनम्रतापूर्वक गणेश को प्रणाम किया, वह उन्हें उनके वाहन के रूप में सेवा देने के लिए उत्सुक था।

तब से, गणेश चूहे की सवारी करते हैं क्योंकि इससे उन्हें संसार के हर कोने तक बड़ी सरलता से पहुँचने में सहायता मिलती है। चाहे वह एक छोटा सा छेद हो या अंधेरा मार्ग, उनका चूहा और वे सभी मार्गों पर चल सकते हैं और संकटग्रस्त लोगों की रक्षा कर सकते हैं।